GW01606919

Au bord de la mer...

L'ÉTOILE EST UNE MENTEUSE

Texte et illustrations
Christophe Boncens

Quelque part dans l'océan vit Marina, une étoile de mer. Elle invente tout le temps des histoires, ce qui énerve ses amis.

Elle raconte au gobie que Mousse le crabe est amoureux de la crevette.

Le poisson s'empresse de crier bien fort :

– MOUSSE EST AMOUREUX !

Le crabe se met alors bien évidemment en colère et cela amuse follement Marina.

En croisant le bigorneau, Marina lui chuchote :
– Fais bien attention, le bernard-l'hermite RÊVE DE VOLER TA COQUILLE !
Aussitôt, le bigorneau fou de rage demande des explications au bernard-l'hermite, très surpris de cette accusation. L'étoile de mer s'éloigne en ricanant.

Un matin, Marina accourt toute affolée :

– Cachez-vous tous, UN REQUIN SE DIRIGE DROIT SUR NOUS !

Aucun de ses amis ne l'écoute.

– Je vous jure que c'est vrai ! répète l'étoile de mer.
Mousse le crabe s'énerve :
– C'est fini Marina, on ne te croit plus,
TU N'ES QU'UNE MENTEUSE !

Tout à coup, sentant une présence au-dessus d'eux, ils lèvent les yeux, et une ombre noire apparaît... C'est un REQUIN ! Un requin pour de vrai !

Hélas, ils n'ont pas le temps de s'enfuir.
Le monstre ouvre son énorme mâchoire et les avale en UNE SEULE BOUCHÉE.
Par chance, une petite anémone de mer posée sur un rocher a échappé au requin.

Courageuse, elle agite ses tentacules en direction du requin pour lui envoyer des petits piquants dans les narines. Immédiatement, le monstre éternue, laissant échapper Marina et ses amis.
TRÈS VEXÉ, LE MONSTRE S'ENFUIT.

Chacun se remet de ses émotions.
Furieux, le crabe accuse Marina :
– À cause de tes mensonges, nous ne savons plus quand tu dis la vérité. Nous avons failli être dévorés PAR TA FAUTE !
Confuse, l'étoile de mer leur demande pardon.

Marina promet de ne plus jamais mentir.
Ses amis décident de lui faire confiance en espérant que, cette fois, l'étoile de mer dit bien la vérité !

Jouons avec Marina !

Marina se moque d'un poisson de couleur rouge avec des écailles vertes, deux nageoires dorsales et des traits jaunes sur la queue. Trouve-le !

Avec quoi l'anémone parvient-elle à faire éternuer le requin ?

Des algues ?

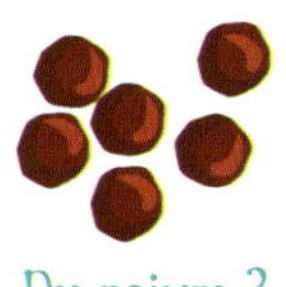

Du poivre ?

Des piquants ?

Des fleurs ?

Réponses : jeu n°1 : D / jeu n°2 : Des piquants.

Le requin éternue, libérant ainsi Marina et ses amis. Trouve l'intrus qui n'est pas dans l'histoire.

Réponse : Une méduse.

Dessinons Marina !

A – Commence par dessiner une étoile pour le corps.

B – Dessine deux gros yeux ronds. Gomme les traits du corps qui traversent les yeux.

C – Dessine un joli sourire.

D – Dessine les petites taches sur les 5 branches de l'étoile.

Crée un joli décor et colorie ton dessin représentant Marina.

Dans la même collection :

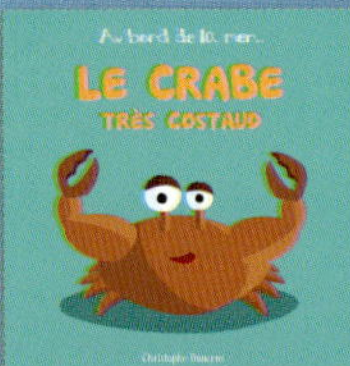

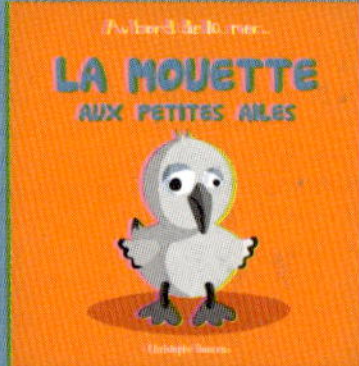

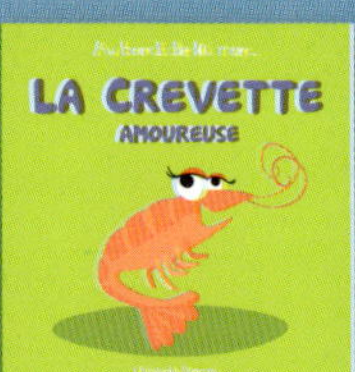

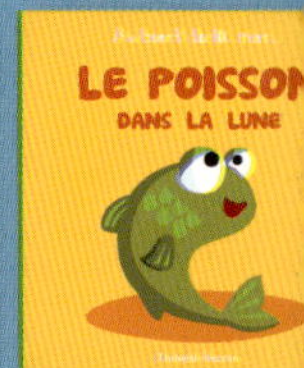

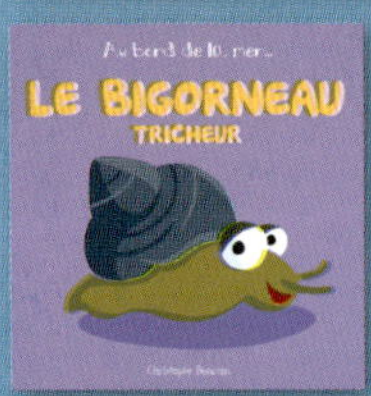

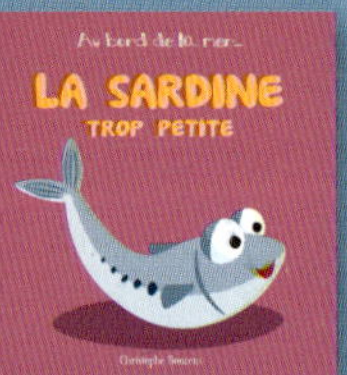

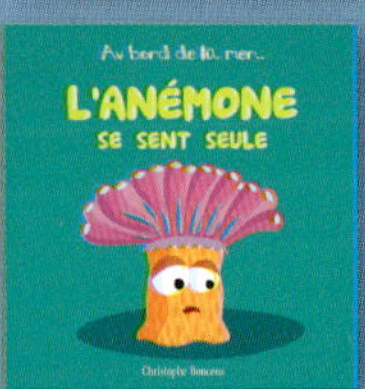

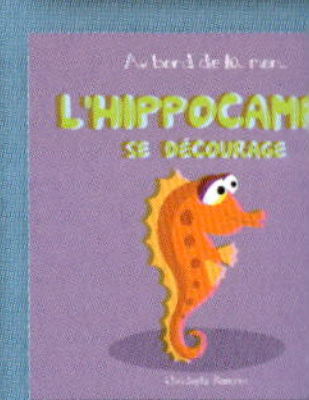

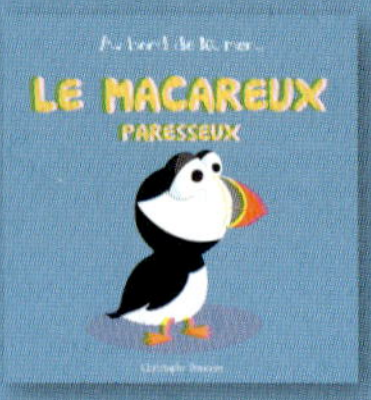

Merci à Sylvie pour son aide dans la rédaction et la relecture du texte.

ISBN : 978-2-37133-010-8

Kerangwenn – 29540 Speied/Spézet

« Loi n°49-956 du 16 juillet 1949 sur les publications destinées à la jeunesse. »

Impression LEGO, Italia.
Photogravure Procolor, Quimperlé (29).
Dépôt légal : 2e trimestre 2014.

www.beluga-jeunesse.com
www.coop-breizh.fr